COLLECTIONS DE MM. LE VICTE M.-S.-CH... & H...

# MONNAIES

## MÉDAILLES ET JETONS

## FRANÇAIS ET ÉTRANGERS

VENTE AUX ENCHÈRES PUBLIQUES

HÔTEL DES COMMISSAIRES-PRISEURS, 9, RUE DROUOT,

Salle nº 8, au 1er étage,

Les Vendredi 16 et Samedi 17 Janvier 1903

A 2 heures précises

EXPOSITION UNE HEURE AVANT CHAQUE VACATION

*Commissaire-priseur :*
Me Maurice DELESTRE
RUE SAINT-GEORGES, 5

*Expert :*
M. J. FLORANGE
QUAI MALAQUAIS, 21

PARIS

La vente sera faite au comptant.

Les acquéreurs payeront, en sus des adjudications, dix pour cent.

L'exposition mettant les acheteurs à même de juger de l'état des pièces, aucune réclamation ne sera admise aussitôt l'adjudication prononcée.

M. J. Florange se charge des commissions qui lui seront confiées aux conditions habituelles (5 0/0 sur la limite).

Il se réserve le droit de diviser ou de réunir les lots.

---

## AVIS IMPORTANT

Mes catalogues de vente seront envoyés régulièrement aux personnes qui en feront la demande.

Prière de les communiquer aux intéressés.

COLLECTIONS DIVERSES

---

# MONNAIES
## MÉDAILLES ET JETONS
### FRANÇAIS ET ÉTRANGERS

---

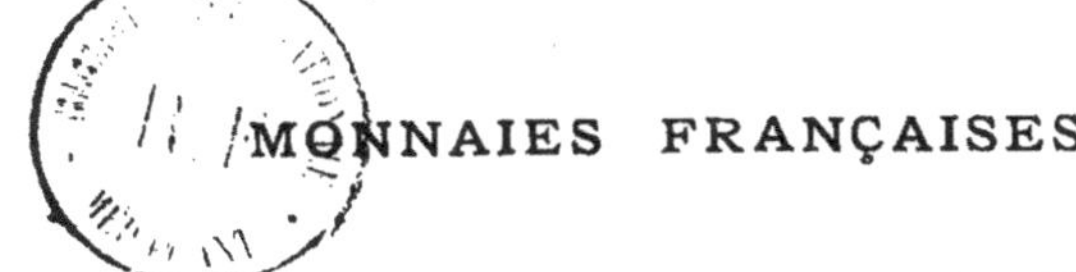

## MONNAIES FRANÇAISES

1 Charlemagne. Mayence(?) et Melle. Deniers (Gar. VIII, 94 et XIII, 209). — 2 p. B.

2 Louis Ier, roi d'Aquitaine. Dans le champ, LVDO WIC. ℟. METALLVM. Croix. Obole. B.

3 Louis Ier. Denier à légende chrétienne. 5 var. B.

4 — Denier de Melle. Croix et META.LLVM dans le champ. — 2 deniers variés à légende chrétienne. — 3 p. TB.

5 Charles le Chauve. Deniers et obole de Melle, deniers de Courtisson et de Nevers. — 5 p. TB.

6 — Dans le champ, AQVI.TANIA. Obole. B.

7 Charles II. Deniers de Blois, du Mans, de Nevers et de Rouen. — 4 p. TB.

8 Eudes. Deniers d'Angers et de Limoges. — 3 p. B.

9 — Deniers d'Orléans, Toulouse et Tours. — 3 p. TB.

10 Charles III. Deniers et oboles de Melle. — 5 p. B.

11 Lothaire. Denier à légende chrétienne. TB.

12 Cinq deniers carolingiens. TB.

13 Louis VI à IX. Deniers et gros tournois variés. — 17 p. B.
14 Gros tournois et deniers capétiens variés. — 39 p. B.
15 Deniers capétiens, etc. — 19 p. B.
16 Philippe IV. Masse d'or. (Hoffmann 4). TB.
17 — Gros tournois, etc. — 5 p. B.
18 Philippe V. Agnel d'or. Croissant sous l'R de REX (1). TB.
19 Charles IV. Royal d'or (2). TB.
20 Philippe VI. Royal d'or (1). TB.
21 — Parisis d'or (2). FDC. *Voyez planche.*
22 — Écu d'or (3). FDC.
23 — Lion d'or (6). FDC.
24 — Pavillon d'or (8). TB.
25 — Double royal d'or (11). TB.
26 — Chaise d'or (14). FDC.
27 — Gros tournois, etc. — 20 p.
28 — Gros à la queue (22). TB.
29 Jean le Bon. Mouton d'or (3). FDC.
30 — Royal d'or (8). TB.
31 — Franc à cheval d'or (10). TB.
32 — Franc à cheval d'or avec IOhANES. B.
33 — Gros blanc à la couronne, etc. — 4 p.
34 — Gros blanc à la couronne (25) ; gros blanc dit compagnon (41) ; gros blanc (49), double tournois (64), etc. — 7 p. B.
35 Charles V, dauphin. Florin d'or. B.
36 Charles V. Franc à pied (2). Or. TB.
37 — Franc à cheval (4). Or. TB.
38 — Gros tournois, blancs, etc.
39 Charles V et Charles VI. Gros, blancs, etc. — 11 p. TB.
40 Charles VI. Écu d'or (1). TB.
41 — Agnel d'or (3). TB.
42 — Guénars, florettes, etc. — 16 p. B.
43 Henri V. Florette aux trois lis couronnés (6). TB. Rare.
44 — Florette aux léopards et double tournois (7 et 11). B.
45 Henri VI. Salut d'or, fr. à Paris (3). TB.
46 — Blancs et petit blanc aux écus fr. au Mans, Paris,

Rouen et Saint-Lô. — 6 p. B.

47 Henri VI à Charles VIII. Monnaies variées. — 15 p. B.

48 Charles VII. Écu d'or à la couronne, fr. à Rouen (6). FDC.

49 — Demi-écu d'or à la couronne, fr. à Paris (8). B.

50 — Royal d'or, fr. à Chinon (9). TB.

51 — Grand blanc à la couronne, fr. à Dijon (différent : briquet) par le duc de Bourgogne (41). B.

52 — Grand blanc. etc. — 7 p. B.

53 Louis XI. Écu d'or au soleil, fr. à Toulouse (1). TB.

54 — Grand et petit blanc à la couronne, etc. — 24 p.

55 Charles VIII. Écu au soleil, fr. à Paris (2). TB.

56 — Karolus, fr. à Châlons-sur-Marne, Paris, Tournay et Tours. — 5 p. B.

57 — Karolus et douzains pour la Bretagne. — 4 p. B.

58 — Douzains pour le Dauphiné, etc. — 9 p.

59 Louis XII. Écu d'or au soleil, fr. à Châlons-sur-Marne (1). TB.

60 — Écu aux porcs-épics, fr. à Bayonne (6). AB.

61 — Écu d'or au soleil pour la Bretagne, fr. à Nantes (4). TB.

62 — Teston au buste, fr. à Paris (19). AB. Rare.

63 — Dizain à l'L couronné, fr. à Lyon (39). B.

64 — Dizain à l'L couronné, fr. à Paris. Variété inédite. B.

65 — Douzain du Dauphiné, etc.

66 — Douzain de Bretagne et dizain (36 et 39). B.

67 — **Milan**. Teston au buste (87 var.). B.

68 François Ier. Écu d'or au soleil, fr. à Paris (4). TB.

69 — Écu d'or à la croisette, fr. à Paris en 1541, par Christophe de Laulne. * FRANCISCVS : DEI : GRA : FRANCORVM : REX. Point sous la 18e lettre. Écu couronné ; au-dessous, A. R. + XPS ⸸ VINCIT : XPS : REGNAT : XPS : IMPERAT. Point sous la 18e lettre. Dans un contour de douze arcs fleuronnés, croix blanche avec point au centre. TB.

70 — Écu d'or (avec 13 arcs), fr. à Rouen (Saulcy 123). TB.

71 — Écu d'or du Dauphiné, fr. à Crémieu (21). TB.
72 — Teston, fr. à Lyon (42) et douzains et dizain. — 4 p. B.
73 — Teston, fr. à Lyon. Autre variété. TB.
74 — Teston, fr. à Lyon (42 var. — Saulcy, 174). B.
75 — Teston, fr. à Rouen (Saulcy, 240 var.). B.
76 — Teston, fr. à Paris (79). AB.
77 — Teston, fr. à Saint-Lô, par Jean Roupelin en 1530. Inédit. AB.
78 — Demi-teston, fr. à Lyon (82). TB.
79 — Teston du Dauphiné, fr. à Romans (Saulcy, 233 var.). B.
80 — Douzain à la couronne, fr. à Poitiers et à Troyes (92). — 2 p. B.
81 — Douzains à la croisette, fr. à Rouen et à Villefranche-de-Rouergue (Saulcy, 453 et 463). B.
82 — Douzains de Bretagne, du Dauphiné, dizain, fr. à Amiens, etc.
83 — Douzains variés, etc. — 8 p.
84 Henri II. Double Henri d'or, 1557, Rouen (26 var.). TB.
85 — Teston, 1554, Paris (35). B.
86 — Deux testons variés. B.
87 — Teston, demi, gros et demi de Nesle, etc. — 7 p.
88 — Testons, douzains, etc. — 4 p. TB. et AB.
89 — Douzain, fr. au moulin de Paris, 1555 (80). B.
90 François II. Teston au nom d'Henri II, 1560, Toulouse. B.
91 Charles IX. Écu d'or, 1564, Rennes (1). TB.
92 — Écu d'or, 1568, Toulouse (1). TB.
93 — Testons aux C couronnés. Toulouse et Bordeaux. B.
94 — Teston aux C couronnés, 1562, Rouen, etc. — 3 p. B.
95 — Demi-teston aux C couronnés, Rennes, 1563 (13). TB.
96 — Teston et demi-teston aux K couronnés, Bayonne. — 2 p. B.
97 — Teston et douzain du Dauphiné, 1567 et 1573. — 2 p. B.
98 — Testons, demi-teston, etc. — 4 p. B.
99 — Double sol et sol parisis. — 2 p. B.

100 — Testons, etc. — 19 p.
101 Interrègne. Testons au buste de Charles IX, Rennes et Toulouse, 1575 (10 et 25). 2 var. TB.
102 Henri III. Écu d'or, 1578, fr. à Troyes par J. Filliard (4 var.) FDC.
103 — Écu d'or, 1578, Poitiers. Or pâle. B.
104 — Teston, Angers, 1575 et Toulouse, 1576. — 2 p. B.
105 — Francs, demis et quarts de franc. — 8 p. B.
106 — Demis et quart de franc, fr. à Rouen, 1578 et 1587. — 3 p. B.
107 — Quart d'écu, douzain etc.
108 — Gros de Nesle pour le Dauphiné, 1585, Grenoble (39). B.
109 Henri III et Charles X. Demi et quart de franc, quart d'écu, etc. — 11 p. B.
110 — Franc, quart et huitième d'écu. — 3 p. B.
111 Charles X. Quart d'écu, etc. — 6 p. B.
112 Henri IV. Quart d'écu de France, de Navarre, de Béarn, etc.
113 — Demi-franc, 1594, Paris. TB.
114 — Demi-franc, 1603, Toulouse, etc.
115 — Quarts d'écu variés, huitième d'écu, etc. — 8 p. TB.
116 — Quarts d'écus variés, etc. — 4 p. B.
117 Louis XIII. Louis d'or à la mèche courte, 1642. TB.
118 — Demi-louis d'or à la mèche longue, 1641. FDC.
119 — Piéfort du louis d'argent de 30 sols, 1463 (*sic*). Tranche inscrite (95). TB. Rare.
119 *bis*. — Quart d'écu, 1642, Bayonne (30). B.
120 — Demi-francs, 1615, Rouen et Saint-Lô. — 2 p. B.
121 — Louis d'argent de 15 sols, etc. Arg. et cuiv.
122 Louis XIII à Louis XVI, etc. Quarts d'écu, etc. Arg. et cuiv
123 — Demi-écu, quart d'écu, etc. — 42 p.
124 Louis XIV. Louis d'or à l'écu, 1690 (29). TB.
125 — Quart d'écu, 1644. Saint-Lô. B.
126 — Écu à la mèche courte et divisions.
127 — Demi-écu à la mèche longue et quart d'écu, Rouen, 1649. — 2 p. B.

128 — Demi-écu aux palmes, Troyes, 1694. TB.
129 — Écu aux trois couronnes, 1710. FDC.
130 — Demi-écus et divisions. Arg. et cuiv.
131 — Écu et divisions, etc.
132 Louis XV. Double louis d'or, Noailles, 1717, Paris (6). FDC.
133 — Louis d'or dit Mirliton, 1724, Rouen (14). FDC.
134 — Demi-louis d'or aux lunettes, 1731, Rennes (17). TB.
135 — Double louis d'or au bandeau, 1758, Strasbourg (18). TB.
136 — Demi-louis d'or au bandeau, 1755, Paris (20). TB.
137 — Quart d'écu dit Vertugadin, 1716 (29). FDC.
138 — Petit louis d'argent, 1720 (33). FDC.
139 — Écu de Navarre, 1719, Rouen (34). TB.
140 — Pièce de 20 sols, de la C^ie^ des Indes, 1720 (84). B.
141 — Écu de France, 1721, Tours (40). TB.
142 — Tiers d'écu de France, 1722, Rouen (42). B.
143 — Écu aux huit L, 1725, Rouen (45). FDC.
144 — Demi-écu aux lauriers, 1730, Rouen (51). FDC.
145 — Écu au bandeau, 1756, Rennes (56). TB.
146 — Écus et divisions. Arg. et cuiv.
147 Louis XVI. Double louis d'or, 1786, Bordeaux. FDC.
148 — Louis d'or, 1786, Lyon. TB.
149 — Écu de 1791, demi-écu 1792, etc. Arg. et cuiv. TB.
150 — Écu de 1791, avec contremarque de Berne. TB.
151 — Période constitutionnelle. Louis de 24 livres, 1793. Or. TB.
152 — — Écus 1792 et 1793. — 2 p. B.
153 — — Écu 1793, Rouen. B.
154 — — Demi-écu et divisions. Arg. et cuiv.
155 — — Dizain de métal de cloche, 1791. TB.
156 République. Écu de 6 livres, 1793. Monnaies fiduciaires, pièces surfrappées, etc. Arg. et cuiv. TB.
157 — Méd. au buste de Mirabeau. « Pure matière de cloche, fr. par Mercié, Mathieu, Mouterde et autres artistes réunis à Lyon, 1792 » (Henn. 365). TB. mais trouée.
158 — Autre variété. « Métal de cloche, fr. l'an Ier de la

Répub^que française par les artistes réunis de Lyon » (Henn. 405). TB.

159 — Écu à 100 st. 1794. Siège de Mastricht. TB.

160 — Demi-écu de Genève, 1795. B.

161 — Écu de contribution au buste de l'évêque de Wurtzbourg, 1795 (713). TB.

162 — Sixième d'écu au même buste et à l'écusson, 1795, 4 var. B.

163 — Écu de contribution aux armes de l'évêque de Bamberg, 1795 (706). TB.

164 — Même pièce d'un coin varié. B.

165 — Demi-écu de contribution aux armes de l'évêque de Fulde, 1796 (780). TB.

166 — Demi-écu de contribution au buste de l'évêque d'Eichstaedt, 1796 (794). FDC.

167 — Piémont et Naples, Écu, demi-écus, etc., 1799. — 4 p. B.

168 — Essais de Gengembre au buste de Lavoisier, an 8 et an 9. — 2 p. B.

169 — Pièce de 5 francs, an 10, Perpignan. FDC.

170 — Pièce de 5 francs, an 10, de la Gaule subalpine. FDC.

171 — Essai de monnayage de Gatteaux, 1801 (Mill. 187). Br. Module de 5 francs. Tranche inscrite. TB.

172 — Franc, demi et quart de franc du premier Consul, an 12. TB.

173 — Monnaies diverses. Arg. et cuiv.

174 Napoléon I^er. 2 francs, an 13, franc, an 14, Lille et quart de franc, an 13. — 3 p. TB.

175 — Franc et visite du prince de Bavière à la Monnaie, 1806. — 2 p. TB.

176 — Essai de 100 francs, 1807 (Vassellon). Br. FDC.

177 — Franc et quart de franc, 1807. — 2 p. B.

178 — 2 francs, franc (Rouen) et demi-franc, 1808. — 3 p. FDC.

179 — 2 francs, 1811, franc, etc. Arg. et cuiv. TB. et B.

180 — 32 shilling de Hambourg, 1809. TB.

181 — 10 livres des Iles-de-France et Bonaparte, 1810. B.
182 — Genève. Pièce de 2 francs, an 13. Usée. Rare.
183 — Utrecht. Pièces de 5 francs. 1812 et 1813. B.
184 — — Pièces de 2 francs, 1812 et 1813. B.
185 — — Franc, 1813. B.
186 — Gènes, demi-franc, 1813. B.
187 — Turin. Pièce de 2 francs, 1807. AB.
188 — — Quart de franc. 1807. B.
189 — — Pièce de 2 francs, 1808. Usée.
190 — — Franc, 1808, et pièce de 2 francs, 1810. — 2 p. usées.

191 — — Pièces de 5 francs, 1811 et 1812. B.
192 — Roy. d'Italie. Pièces de 5 lire, 1812, Milan. FDC.
193 — — 2 lire, lire et divisions. Arg. et cuiv.
194 Louis-Napoléon, roi de Hollande. « Pièce essai, fr. en virole pleine par le procédé de Salneuve sous les balanciers destinés aux monnaies de S. M. le roi de Hollande MDCCCVIII.» (Nah. VII, 51). Br. Module de 5 francs. Tranche lisse. FDC.

195 — Écu à 50 stüvers, 1808 et monnaies de Java, etc. Arg. et cuiv. B.

196 Joseph-Napoléon, roi d'Espagne. Pièce de 80 réaux, 1812. Tète au bandeau, à g. Or. FDC.

197 Jérôme-Napoléon, roi de Westphalie. Pièce de 10 thaler, 1812, Brunswick. Or. FDC.

198 — Écu de convention, 1811. Cassel. TB.
199 — Florin à 24 mariengrosch, 1810, Brunswick. Presqu'à fleur de coin.

200 — Florin au buste, 1809, Cassel, et sixième d'écu, 1809. — 2 p. B.

201 — Pièce de 40 francs, 1813, Cassel. Or. Tranche inscrite. FDC.

202 — Pièce de 20 francs, 1809, Cassel. Or. TB.
203 — Pièce de 20 francs, 1809, J (Paris ?). Or. TB.
204 – 5 francs, 1809, etc. B.

205 — 2 francs, 1808, etc. Arg. et cuiv.

206 Isenbourg, Charles, prince. Essai en étain de la pièce de 16 eine feine mark, 1811. Coin de Laroque. TB.

207 Lucques et Piombino, Naples, etc. Écus, etc. B. et TB.

208 Cent jours. Napoléon I^er^. Pièce de 5 francs, 1815. Coin de Droz. Br. FDC.

209 — Le même. 2 francs, 1815. B.

210 Parme. Marie-Louise. Pièce de 40 lire, 1815. Or. FDC.

211 — La même. Pièce de 20 lire, 1815. Or. TB.

212 — La même. Pièces de 5 lire, de 2 lire, etc. B.

213 Napoléon II. Demi-franc, 5 et 1 centimes. Essais de 1816. Cuiv. — 3 p. FDC.

214 Charles XIV Jean (Bernadotte), roi de Suède. Écu du Jubilé de 1821. Presqu'à fleur de coin.

215 — Écu, 1835, etc. Arg. et cuiv. TB.

216 Louis XVIII. Monnaies divisionnaires. Arg. et cuiv. TB.

217 Charles X. Pièce de 5 francs, 1830. TB.

218 — 2 francs, 1827, Lille, et franc, 1828. — 2 p. FDC.

219 — Demi-francs, quarts de franc, essais, etc. FDC. et B.

220 Henri V. Franc de 1831. TB.

221 — Demi-francs, 1832 et 1833. — 2 p. FDC.

222 — Quart de franc, 1832 et 1833. Arg. et cuiv. — 2 p. FDC.

223 — 10 et 5 cent. 1832. Buste en uniforme. Arg. — 2 p. FDC.

224 — Demi-franc de 1858. Coin de Speri. FDC.

225 Louis-Philippe. 100 francs 1831, 40 francs, 1832, Rouen, etc. Étain. — 3 p. B.

226 — Pièce de 5 francs, 1830, avec LOUIS-PHILIPPE-ROI etc. TB.

227 — Pièce de 5 francs, 1830, avec LOUIS-PHILIPPE-I-ROI etc. TB.

228 — Franc, 1831, Rouen. Légende et type précédents. FDC.

229 — Pièce de 5 francs, 1847. FDC.

230 — Visite de la Monnaie de Rouen, 1831. Br. Module de 5 francs. Tranche inscrite. FDC.

231 — Thonnelier à son ami Bihourd, négociant au Chili, 1836. Br. Module de 5 francs. Tranche cannelée. TB.

232 — Décime, 5, 2 et 1 centimes à la Charte, 1847. 4 essais. FDC.

233 — Monnaies divisionnaires. Arg. et cuiv.

234 République. Tête de la République, à g. Coin de Barre. R̸. Essai, 1851. Presses monétaires du Chili. Br. Module de 5 francs. TB.

235 — Avers précédent. Cuiv. plaqué d'argent. TB.

236 — Essai de monnaie suisse, 1851. R̸. Refonte. 2 centimes. Cuiv. jaune, 20 mm. TB.

237 — Essai de monnaie suisse, 1851, à la tête de la République de Barre. Cuiv. 15 mm. TB.

238 — 20 cent. 1851, 50 cent. 1852, etc.

239 Napoléon III. Pièce de 5 francs, 1854. Or. Tranche lisse. FDC.

240 — Autre variété, 1854. Or. Tranche cannelée. FDC.

241 — Pièce de 100 francs, 1855, en deux épreuves. Cuiv. plaqué d'or. FDC.

242 — 50 cent. 1853, 1858, etc. TB.

243 — Essai de Barre, 1856. Nickel (Dewamin, 75. 14) 25 mm. FDC. Très rare.

244 — Essai de monnaies en nickel. 10 centimes. Nickel (Dewamin. 79, 22) 20 mm. TB.

245 République. 5 francs de la Commune, 1871, etc. TB.

246 — Cochinchine et Indo-Chine. Piastre et divisions. Arg. et cuiv. TB. et FDC.

## MONNAIES FÉODALES

247 Dreux (Comté). Hugues Bardoul. Denier au château (P. d'A. 89 var.). B.

248 — Robert III de France. Denier (P. d'A. 91 var.). B.

249 Nogent-le-Roi (Seig^rie^). Roger I de Blois, évêque de Beauvais. Denier au château avec ✠ NVIGENT..I'CA' (Caron 10 var.). TB. Rare.

250 — Hugues. Denier au château avec ✠ NVIGENTE CAS. (Caron 9 var.). B. Rare.

251 Orléans. Hugues, fils de Robert. Denier. (Hoff. 7 à Philippe I^er^). B.

252 Normandie, Évreux et Bretagne. Deniers variés, etc. — 17 p. B.

253 Bretagne. Charles de Blois. Gros au lis. TB.

254 — Jean IV. Gros au lion tenant l'écusson, Rennes. B.

255 — Monnaies variées. — 10 p. B.

256 Anjou. Deniers variés. — 6 p. TB.

257 — Charles I et II. Deniers et oboles variés (P. d'A. 1517, 1534, 1535, 1537 et 1538). — 7 p. B.

257 *bis*. Le Mans et Tours. Deniers variés. — 9 p. B.

258 Blois. Deniers variés. — 4 p. B.

259 — Jeanne de Châtillon. Obole (P. d'A. 1708). TB.

260 — Hugues de Châtillon. Obole (P. d'A. 1714). TB.

261 — Gui de Châtillon. Denier et obole (P. d'A. 1717 et 1718. — 2 p. B.

262 Chartres. Anonymes et Charles de Valois. Deniers et oboles. — 6 p. B.

263 Vendôme. Denier anonyme et obole de Jean V. — 2 p. B.

264 Châteaudun. Deniers et oboles variés. — 7 p. B.

265 Romorantin. Thibaud V. Denier (P. d'A. 1895). ꝟ — Gien. Denier et obole. — 3 p. B.

266 Le Puy (évêché). Denier à la légende PODIENSIS. etc. — 4 p. B. et TB.

267 Clermont (évêché) et Riom. Denier et obole au buste de face, etc. — 4 p. TB.

268 Limoges et Turenne. Deniers variés. — 7 p. B.

269 Poitou. Deniers et obole variés. — 8 p. TB.

270 La Marche. Hugues X de Lusignan. Deniers (P. d'A. 2609 et 2615). — 2 p. TB.

271 — Charles de France. Denier au châtel (P. d'A. 2641 var.). B.
272 Angoulême et Périgord. Deniers variés et obole (P. d'A. 2676 etc.). B.
273 Aquitaine. Bernard-Guillaume. Deniers (P. d'A. 2724, 2734 var. et 2735). — 3 p. B.
274 — Éléonore, Henri II d'Angleterre et Richard. Deniers (P. d'A. 2741 etc.). — 3 p. variées. TB.
275 — Édouard le P^ce^ noir. Hardi et esterlin fr. à Bordeaux (P. d'A. 2951 var. et 3064 var.). — 2 p. TB.
276 Béarn. Centulle et Jean de Grailli. Deniers et obole. B.
277 — Catherine et Henri d'Albret. Blancs. — 2 p. B.
278 Navarre. Jean et Catherine. Blanc, etc. — 4 p. B.
279 — Jeanne d'Albret et Henri II. Testons, 1566 et 1575. — 2 p. B.
280 — Henri II de Béarn et Marguerite. Teston aux deux bustes. 1577. TB.
281 Perpignan. Sou au S^t^ Jean (P. d'A. 3612). B.
282 Toulouse. Alphonse-Jourdain, Raymond VII et Alphonse. Deniers et obole (P. d'A. 3685, 3702, 3703 et 3706). — 4 p. TB.
283 Provence (Marquisat), Maguelonne, Anduse, Viviers, Rodez, Albi et Cahors. Deniers et oboles variés. — 16 p. B. et TB.
284 Provence (Comté). Charles I^er^, Salut d'or. B.
285 — Gros tournois, deniers, etc. (P. d'A. 3940, etc.) — 4 p. TB.
286 — Robert, Louis et Jeanne, etc. Sols coronats, etc. — 3 p. B.
287 Avignon. Clément VI. Carlin, etc. (P. d'A. 4144. etc.). — 3 p. B.
288 — Urbain VIII. Jules de 1627 (P. d'A. 4428). TB.
289 — Alexandre VII. Demi-jules, 1657 (P. d'A. 4450). TB.
290 Orange. Valence et Vienne. Carlin, deniers, obole, etc. — 11 p. B.
291 Dauphiné. Guigues VIII. Carlin. B.

292 Lyon et Dombes. Testons, deniers, etc. Arg. et cuiv. — 17 p. B.

293 Franche-Comté. Philippe II. Double gros de Dôle, 1589 (P. d'A. 5294). B.

294 Philippe IV. Quart de patagon, au buste, 1622 (P. d'A. 5337). B.

295 — Philippe IV. Patagon, 1626 (P. d'A. 5332). B.

296 Franche-Comté et Besançon. Denier, gros de 1623, etc. (P. d'A. 5365, 5417, etc.). — 5 p. B.

297 Besançon. Teston au buste de Charles-Quint, 1622. TB.

298 — Demi-patagon au buste de Charles-Quint, 1643 (P. d'A. 5412). TB.

299 — Écu à l'empereur, debout, 1661. TB.

300 Bourgogne. Gros, deniers, etc. — 7 p. B.

301 Auxerre, Troyes, Provins, Meaux, Reims, etc. Bill. et cuiv. — 20 p. B.

302 Amiens, Soissons, Laon, Boulogne et Abbeville. — 6 p. B.

303 Artois. Philippe IV. Patagon, 1627 (P d'A. 6784). TB.

304 Cambrai, Lille et Flandre. Gros, etc. — 13 p. B.

305 Flandre. Jean sans Peur. Double gros aux deux écus et gros au lion. — 2 p. B.

306 Hainaut. Marg. de Constantinople. Gros au cavalier de Valenciennes, etc. — 4 p. B.

307 — Marg. d'Avesnes. Plaque. (Chalon 85). TB.

308 Lorraine. Plaque, testons, etc. — 25 p. B.

309 — Léopold Ier. Petit écu en Aubonne, 1725. TB.

310 — Monnaies lorraines et autres. Arg. et cuiv.

311 Metz (évêché et ville). Monnaies variées. — 14 p. B. et TB.

312 Toul, Verdun, Le Barrois, etc. — 5 p. B.

313 Alsace (landgraviat). Léop. d'Autriche. Écu 1621. TB.

314 Colmar, Haguenau, Hanau-Lichtenberg, etc. — 7 p. B.

315 Strasbourg (évêché). Henri Ier de Hasenbourg. Denier. — 2 p. B.

316 — Anonymes, etc. Bractées, teston, etc.

317 — Louis XIV et XV. Pièces diverses. Arg. et cuiv.

318 Strasbourg, Colmar, Haguenau, Bâle, Savoie, etc. — 17 p. B.
319 *Allemagne*. Lot de monnaies divisionnaires. Arg. et cuiv.
320 Salzbourg (archevêché). Léonard de Keutschach. Florin d'or, 1513. TB.
321 Anhalt-Zerbst. Chr.-Guill. Florin, 1679. B.
322 Bavière. Max-Joseph. Écu à la Vierge. 1755. TB.
323 Brunswick. Georges-Louis. Grand écu, 1712. B.
323 *bis*. Mansfeld. David. Écu au S$^{t}$-Georges, 1624. B.
324 Mansfeld. Fr.-Max et Henri-François. Tiers d'écu au S$^{t}$-Georges, 1672. TB.
325 Reuss-Schleiz. Henri I$^{er}$. Florin, 1678. TB.
326 Saxe (branche albertine). Chrétien I$^{er}$. Écu, 1587. B.
327 — Fréd.-Aug. Écu, 1821. FDC.
328 *Angleterre* et *Danemark*. Monnaies divisionnaires. Arg. et cuiv.
329 *Espagne* et *Grèce*. Écus et divisions. Arg. et cuiv.
330 *Italie*. Écus et divisions. Arg. et cuiv.
331 *Pays-Bas*. Monnaies divisionnaires. Arg. et cuiv.
332 Flandre. Philippe II. Écu, 1557. TB.
333 Gueldre. Écu, 1612. TB.
334 Utrecht. Demi-écu, 1790. FDC.
335 Vianen ou Weert ? Imitation de la lire de Bologne (*Revue belge*, 1892, p. 639). B.
336 *Russie*. Pierre I$^{er}$. Rouble de Moscou gr. par Gouin, 1712. TB.
337 *Russie*, *Pologne* et *Suède*. Monnaies divisionnaires. Arg. et cuiv.
338 *Suisse*. Bâle. Demi et quart d'écu. — 3 p. TB.
339 Bâle (évêché). Jean-Conr. de Reinach. 12 kr., 1733. TB.
340 Berne. Écu au suisse debout, 1795. FDC.
341 Demi-écu au même type, 1797. TB.
342 Genève (évêché). Denier au nom de Frédéric. TB.
343 — Denier anonyme à la tête de S$^{t}$-Pierre. B.
344 Zurich. Écu, 1758, et demi-écu, 1736. — 2 p. TB.
345 Monnaies suisses divisionnaires. Arg. et cuiv.
346 Orient, Indes, Mexique, etc. Arg. et cuiv.
347 États-Unis d'Amérique. Dollar, 1799. TB.

## AUTRE COLLECTION

348 Tibère. Tête laurée, à dr. R'. Livie assise à dr. Or. B.
349 Néron. Tête laurée à dr. R'. La Santé assise à g. Or. B.
350 Galba, Othon et Vitellius. Trois deniers variés. B.
351 Lot de deniers. Arg. et bill.
352 Lot de monnajes de cuivre.
353 Monnaies grecques et gauloises. Arg. et cuiv.
354 Charlemagne. Denier faux de Laon ; Charles le Chauve. Denier de Troyes ; Charles VIII. Carolus pour la Bretagne. — 3 p. B.
355 Charles IV. Agnel d'or. Petite étoile sous le R de REX (1). TB.
356 Philippe VI. Écu d'or (3). B.
357 Jean le Bon. Mouton d'or (3). TB.
358 Charles V. Franc à pied (2). Or. TB.
359 Charles VI. Écu d'or à la couronne, fr. à St-Lô (1). B.
360 Charles VII. Écu d'or à la couronne, fr. à Tournay (6). TB.
361 Louis XI. Écu d'or au soleil, fr. à Toulouse (1). B.
362 Charles VIII. Écu d'or au soleil, fr. à Poitiers (2). TB.
363 Louis XII. Écu d'or au soleil, fr. à St-Lô (1). TB.
364 François Ier. Écu d'or au soleil, fr. à Bordeaux (1 var. — Saulcy). B.
365 — Écu d'or au soleil, fr. à Bayonne (4 — Saulcy 9). B.
366 Charles IX. Écu d'or au soleil, fr. à St-Lô, 1565 (1 var.). TB.
367 Henri III. Écu d'or au soleil, fr. à Toulouse, 1586 (4). TB.
368 Henri III. Franc, 1584, Angers, et quart de franc, 1589, Troyes. — Henri IV. Quart d'écu pour le Béarn, 1595. — 3 p. B.
369 Louis XIV. Écu aux trois couronnes, Troyes, 1710. TB.

370 — Demi-écu carambole, 1685, Amiens. B.
371 — Demi-écu carambole aux palmes, 1695. B.
372 Louis XV. Double louis d'or de Noailles, 1717 (6). B.
373 — Louis d'or aux lunettes, 1727, Dijon (16). TB.
374 — Demi-louis d'or aux lunettes. 1726, Poitiers (17). B.
375 — Écus à la vieille tête, 1773, Lyon et 1774, Rouen. — 2 p. B. et TB.
376 Louis XVI. Louis d'or, 1786, Paris (6). B.
377 — Écu de Droz, 1786 (37). B.
378 — Écus et divisions. B.
379 Metz. Gros de Thierry Beyer de Boppart. TB. — Teston d'Henri II, roi de France. — 2 p.

## MÉDAILLES

### France.

380 Henri IV. Méd. de Conrad Bloc, 1598. Cuiv. 43 mm. B.
381 Marie de Médicis. Buste et écusson. Br. coulé et troué. 50 mm. B.
382 Louis XIII et Anne d'Autriche. Méd. de G. Dupré, 1620. Br. doré à bélière. 59 mm. B.
383 Louis XIII. Méd. de G. Dupré, 1623. La Justice assise. Br. doré. 60 mm. B.
384 Louis XIII et Louis XIV. Douze méd. variées. Arg. et br. B.
385 Louis XV. Paix d'Aix-la-Chapelle, 1717 et mariage de Marie-Antoinette à Vienne, 1771. Arg. — 2 p. B.
386 — Huit méd. variées en arg. et br. B.
387 — Second mariage du Dauphin avec la princesse de Saxe, 1747. Arg. 3 var. TB.
388 Marie-Antoinette. Naissance de Madame, 1778. Br. 42 mm. TB.
389 Louis XVI. Expérience du globe aérostatique de MM. Charles et Robert au jardin des Tuileries. Le ballon au dessus de la place Louis XV. ℟. Atterrisse-

ment dans les prairies entre Nesle et Hédouville. Méd. signée J. F. C. (Kluyskens II, p. 231, annotation). Arg. 26 gr. 42 mm. TB. *Voyez planche.*

J.-A.-C. Charles, physicien, né à Beaujency en 1746, s'associa pour cette entreprise à M. N. Robert qui était probablement originaire de Chalon-sur-Saône.

390 — Jonction souterraine de l'Escaut à la Somme. Méd. de Dupré, 1785. Br. 56 mm. TB.

391 — Ouverture des États généraux à Versailles, 1789, (Henn. 4). Étain. B.

392 — Réunion des trois Ordres, 1789 (H. 18). Étain. FDC.

393 — Réunion des trois Ordres, 1789 (H. 20). Étain. B.

394 — Prise de la Bastille, 1789 (H. 30). Étain. TB.

395 — Deux méd. de Palloy, 1789. Plaques encastrées dans un cercle de cuivre. TB.

396 — Serment du roi, 1790. Méd. faite à Lyon (H. 163). Étain. B.

397 — Essai de Vasselon, 1791. Concours de 1791 (H. 329). Br. Tranche lisse. TB.

398 — Honneurs décernés par la Convention à Mirabeau, 1791. Méd. de Galle, de Lyon (H. 210). Br. B.

399 — Deux méd. de Palloy au buste du roi, 1792. Plaques encastrées dans un cercle de cuiv. TB.

400 — Essai offert à la Convention par les artistes de Lyon, 1792 (H. 387). Métal de cloche. B.

401 — Mort du roi, 1793. Méd. de C.-J.-M. (H. 466). Étain. TB.

402 — Mort du roi, 1793. Jeton de Loos (H. 470). Arg. FDC.

402 *bis.* — Mort du roi, 1793. Petite méd. Arg. 10 mm. 1/2. TB.

403 — Mort du roi. Buste de Louis XVII à g. Coin de Tiolier. Br. 41 mm. FDC.

404 Corday d'Armans (M.-A.-Ch.). Son buste à dr. ℞. Dans une couronne de chêne, on lit : BIEN MÉRITÉE (H. 514). Br. doré. Travail suédois. TB.

405 Fédération du 10 août, 1793. Insigne gravé par Maurisset (H. 529). Br. ovale doré à bélière. FDC.

406 Jeton satyrique anglais sur les événements révolutionnaires, 1794 (H. 651). Cuiv. TB.

407 Huissiers, 1795. Insigne de Maurisset (H. 571). Br. ovale doré. AB.

408 Conseil des Anciens. Représentant du peuple (1795). Méd. sans inscription (H. 680). Arg. à bélière. 41 mm. TB.

409 Mort de Louis XVII. Buste à g. R. Le Génie de la mort s'élance d'un mausolée, au milieu de la cour de la prison du Temple. Coins de Depaulis et de Jeuffroy. Arg. 50 mm. FDC.

410 Méd. militaire au monogr. de Fréd.-Guill. III, roi de Prusse, 1797 (Heyden 521). Arg. à bélière. 39 mm. FDC.

411 République batave. Grand jeton d'entrée au jardin botanique d'Amsterdam au nom du médecin Rubenkoning, 1797. Cuiv. 50 mm. TB.

412 Tribunal d'appel, 1800. Insigne ovale (*Trésor de num.*, LXXXI. 4 var.). Br. doré. B.

413 Mort de Desaix à Marengo, 1800 (Mill. 26). Br. TB.

414 Paix de Lunéville, 1801. Méd. populaire. Étain. B.

415 Bataille de Marengo, 1800 ; paix de Lunéville et paix d'Amiens, 1802 (Méd. aux 3 consuls). Br. — 3 p. TB.

416 Bourse de Paris (?) Jeton de Galle, 1802, an XI (Mill. 176 avers. — *Trésor de num.*, XCIII. 6). Arg. octog. TB.

417 Chambre de commerce d'Avignon, an XI. Jeton au buste du 1er Consul (Mill. 413A ). Br. FDC.

418 Collège britannique rétabli, 1804. Jeton au buste de l'empereur, par Gatteaux (*Trésor de num.*, VI, 1. — Mill. 66). Arg. FDC.

419 Organisation de la Légion d'honneur, 1804 (Mill. 78). Arg. TB.

420 Couronnement de Napoléon à Milan, 1805 (Mill. 97). Br. doré dans un cadre ciselé. TB.

421 Notaires de Lyon, 1805 (*Trésor de num.*, XI. 7. — Mill. 437$^{c}$). Arg. TB.

422 Campagne de 1805 et bataille d'Iéna, 1806. Br. — 2 p. TB.

423 Fort de Spalato, 1807 (*Trésor de num.*, XXIV. 10. — Mill. 444). Br. FDC.

424 Conquête de l'Illyrie, 1807 (*Trésor de num.*, XXXIV, 2. — Mill. 246). Br. FDC.

425 Loterie impériale de France, 1808 (*Trésor de num.*, XXX, 5). Cuiv. jaune. 53 mm. B.

426 Paix de Vienne, 1809 (*Trésor de num.*, XXXIV, 1. — Mill. 249). Br. TB.

427 Guillotin, président de l'Académie de médecine de Paris, né à Saintes. Son buste à dr. ℟. COLLIGIT UT SPARGAT. Hygie assise. Petite méd. de Droz, 1809 (Mill. 457. — Kluysk. 1). Arg. TB.

428 Banque de France, 1809. Buste de l'emp. et la Fortune assise. Coin de Droz (Mill. 252. — *Trésor de num.*, XXXVI, 2). Étain. TB.

429 Banque de France, 1809. Méd. de récompense. Buste de l'emp. et cartouche dans une couronne de feuillages. Coin de Droz (*Trésor de num.*, XXXVI, 3). Br. TB.

430 Mort du lieutenant-général J. Moore à la bataille de Corunna, 1809 (*Trésor de num.*, XXXI, 1). Étain. 40 mm. B.

431 Petite méd. au buste de Portal, de Gaillac, président de l'Académie de médecine de Paris, 1810 (Mill. 456). Arg. TB.

432 Arrivée de l'impératrice à Strasbourg, 1810. Br. FDC.

433 Mariage de Napoléon I$^{er}$, 1810. Méd. de Stuckhart (Mill. 262. — *Trésor de num.*, XXXIX, 7). Étain. TB.

434 — Petites méd. Arg. et br. 4 var. (*Trésor de num.*, XXXIX, 8. — Mill. 257 var., etc.). TB.

435 Pemière décade du XIX$^{e}$ siècle. Prix décennaux, sans légende (Mill. 269 var. — *Trésor de num.*, XLV. 1 var.). Br. TB.

436 Naissance du roi de Rome, 1811. Méd. de Stuckhart (Mill. 471. — *Trésor de num.*, L. 1). Arg. FDC.

437 Loge du berceau du roi de Rome. Orient de la Haye, 1811. (Nahuys, Supp. XI, 77). Plomb. B.

438 Retraite de Russie, 1812 (Mill. 279). Br. TB.

439 Table de jeu du Palais impérial. Jeton (Mill. 300). Arg. FDC.

440 Eugène, duc de Leuchtenberg. Son buste habillé à g. ℞. Faisceau d'armes (*Trésor de num.*, LXVIII, 4 var.). Br. 14 mm. TB.

441 Entrée des Alliés à Paris, 1814 (*Trésor de num.*, LX, 11 et LXI, 2). Cuiv. et étain. — 2 p. TB.

442 Pain de Paris, 1814. Jeton au buste de l'emp. Alexandre, Cuiv. troué. TB.

442 *bis*. Alexandre de Russie. Son séjour à Paris, 1814. Arg. Coin d'Andrieu. 40 mm. TB.

443 François d'Autriche. Sa visite à la Monnaie des Médailles, 1814. Arg. Coin de Gayrard. 40 mm. TB.

443 *bis*. Fréd.-Guill. III de Prusse. Sa visite à la Monnaie des Médailles, 1814. Arg. Coin de Gayrard. 40 mm. TB.

443 *ter*. Retour de l'empereur Napoléon, 1815 (Mill. 286). Br. refrappé. TB.

444 L'armée anglaise entre à Paris, 1815. Tête de Wellington à dr. ℞. Colonnade du Louvre. Coin de Brenet (*Trésor de num.*, LXVI, 9). Br. TB.

445 Rentrée des Alliés à Paris, 1815. Blücher et Wellington deb., se donnant la main. ℞. Défilé de l'armée. Br. argenté. FDC.

446 Treize méd. miniatures (anges de paix), pour la guerre d'Espagne, 1808 à 1813. Cuiv. TB.

447 Campagne de 1813×1815. Croix néerlandaise (Dirks, pl. IX, n° 64). Arg. TB.

448 Charles XIV Jean (Bernadotte), roi de Suède. Jeton gravé par C. Enhörning. jr. Br. TB.

449 Médailles et jetons divers. Cuiv. et plomb.

FLORANGE, Expert, 21, quai Malaquais.

450 Macdonald et autres personnages. Br. — 5 p. B.

450 *bis.* Mort de Napoléon à Ste-Hélène, 1821. Son buste dans une couronne de cyprès. ℞. 36 lignes de biographie. Méd. anglaise (*Trésor de num.*, LXXII, 14). Br. 54 mm. FDC.

451 Translation des cendres de Napoléon, 1840 (Coin de Rogat), etc. Br. et étain. — 3 p. TB.

452 Cachet aux armes de Louis-Napoléon, roi de Hollande. Cuiv. B.

453 Alexandre Ier, emp. de toutes les Russies. Cliché de Liénard. Cuiv. repoussé et doré. FDC.

454 Frédéric-Guill. III, roi de Prusse. Même cliché. Cuiv. repoussé et doré. FDC.

455 Fréd.-Auguste, roi de Saxe. Même cliché. Cuiv. repoussé et doré. FDC.

456 Louis XVIII. Charte constitutionnelle, 1814. Arg. 41 mm. FDC.

457 — Son buste à g. ℞. FIDELITÉ-1815, dans une couronne. Essai d'insigne de Trébuchet, graveur français établi à Bruxelles. Br. ovale. FDC.

458 — Monsieur Frère du roi (Charles X), visite la Monnaie des Médailles, 1818. Arg. 50 mm. FDC.

459 — Fondation du séminaire de St-Sulpice, 1820. Méd. au buste de Pie VII. Arg. 41 mm. FDC.

460 — Pont de Libourne, 1820. Arg. et br. 50 mm. — 2 p. FDC.

461 — Pont de Bordeaux, 1821. Arg. 50 mm. FDC.

462 Louis XVIII et Charles X. Méd. variées. Arg. et br.

463 Prince de Savoie-Carignan. Les régiments de la garde royale lui ont offert les épaulettes de grenadier. Prise du Trocadéro le 31 août 1823. Arg. 41 mm. FDC.

464 Le même visite la Monnaie des Médailles, 1824. Arg. 41 mm. FDC.

465 L'infant de Portugal visite la Monnaie des Médailles, 1824. Arg. 41 mm. FDC.

466 Charles X. Son arrivée à Strasbourg, 1828. Br. TB.

467 Réunion musicale alsacienne à Strasbourg, 1830. Br. TB.

468 Méd. de Juillet 1830. Argent à bélière. FDC.

469 Louis-Philippe et République. Méd. variées. Arg. et Br. — 9 p. TB.

470 Napoléon III. Concours régionaux. Br. — 4 p. variées. FDC.

471 — Concours régionaux d'agriculture à Strasbourg, 1859 et 1866. Chemins de fer dans le Bas-Rhin, 1864. Coin d'Oudiné. Br. — 3 p. FDC.

472 Corps législatif. Sessions de 1864, 1865 et 1866. Trois méd. de Barre au nom de Vilcocq (Aisne). Arg. 51 mm. TB.

472 *bis*. Notaires de l'arrond. de Rouen. Assurances contre l'incendie pour Seine-Inférieure, Eure, etc. Arg. et vermeil. Plusieurs variétés. TB.

473 Bavière (Marie-Anne-Christine de), épouse de Louis de France, dauphin, fils unique de Louis XIV. Son buste à dr., diadème et ruban de perles dans les cheveux, perle à l'oreille et collier de perles autour du cou. Sous la tranche du bras : F. CHERON (*Trésor de num.*, XXXIII, 7. — Beierlein-Riggauer, n° 1438 var.). Br. doré uniface. 60 mm. TB. *Voyez planche.*

474 Jeannin (P.), surintendant des finances, né à Autun. Grand médaillon de G. Dupré, 1615, à son buste (*Trésor de num.*, 2e partie, XVI, 2). Br. TB.

475 Richelieu (Arm. Jean), cardinal. Méd. uniface de Warin. Br. 75 mm. TB.

476 Vignon (Marie de), marquise de Treffort. Son buste, à dr. Méd. uniface signée I.R.F.1613 (*Trésor de num.*, 1re partie, LV, 3). Br. 110 mm. B.

477 Casimir Périer, Foy, Voltaire et Charles V de Lorraine. Br. — 4 p. B.

478 St Georges terrassant le dragon. Insigne découpé. Arg. doré. TB.

## Pays étrangers.

479 Allemagne. Famine de 1694. Juif portant sur son dos un sac de grains qui se vide derrière lui. Arg. 36 mm. TB.

480 — Jubilé de la Réformation 1717 et 1730 ; établissement d'un temple protestant à Worms, 1744. Arg. — 3 p. TB.

481 — Marie-Thérèse. Méd. de Wettenhausen, 1771. Arg. TB

482 Autriche. François I$^{er}$ et Caroline de Bavière. Leur mariage à Munich. 1816. Arg. TB.

483 Bavière. Maximilien-Emmanuel et Marie-Antoinette d'Autriche. Leur mariage, 1685. Bustes accolés, à dr. ℟. Vue de Munich. Coins de Brunner (Rigg. 1466) Arg. Tranche inscrite. 45 mm. FDC.

484 — Maximilien-Emmanuel. Prise d'Ofen, 1685. Bustes affrontés du duc et de son épouse, Marie-Ant. d'Autriche. ℟. Sept couronnes (Wesz. G. XXI, 1. — Rigg. 1479). Arg. Tranche inscrite. 48 mm. FDC.

485 Brandebourg. Voyage du prince héritier et de son père, l'électeur Georges-Guillaume, en Prusse. Les deux princes deb. ℟. Vue du port de Kœnigsberg et de ses environs (Amp. 10638 — Henckel 3299). Arg. 72 mm. TB. *Voyez planche.*

486 Brisach. Prise de la ville par Bernard de Saxe-Weimar, 1638. Le duc à cheval, à dr. ℟. Vue de la ville (Ampach. 13429). Arg. 59 mm. TB.

487 Francfort-sur-le-Mein. Méd. (demi-écu) relative à la paix, 1650 (Mad. 4874 — J. et F. 466). Arg. 39 mm. TB.

488 Friese-Orientale. Enno III, comte de Friese et de Rietberg. Son buste, à dr. ℟. Le Sauveur deb. ; à ses pieds, l'écusson du comte. Br. ovale 36×44 mm. TB. *Voyez planche.*

489 Lorraine. Charles Alexandre, gouverneur des Pays-Bas. Passage du Rhin, 1744. Arg. 49 mm. B.

490 Le même. Deux méd. en arg. et deux en bronze. — 4 p. TB.

491 Médailles diverses. Arg. et cuiv.

492 Angleterre. Guillaume III. Défaite de la flotte française à la Hogue, 1692. Méd. de P. H. Muller (Van Loon, IV. 934). Arg. 55 mm. Tranche inscrite. TB.

493 Belgique. Confrérie des arbalétriers de Bruxelles, 1560. Jeton en cuivre. B.

494 — Soc. des vrais amis réunis du jeu du tir à l'arc de Bruxelles, 1822. — Prix de dessin de l'Académie de Courtrai, 1836. Deux méd. gravées et encadrées. Arg. TB.

495 Danemark. Charlotte-Amélie. Méd. de Meibus. Buste à g. ℞. DIEU POUR MON PARTAGE. Le nom de Jéhovah dans un soleil. Arg. 33 mm. FDC.

496 — La même. Méd. de Berg. Sa mort, 1714. Buste à dr. R. IN TERRIS. etc. Arg. 43 mm. FDC.

497 Hollande. Combat naval de Doggersbank. Méd. militaire, 1781. Vermeil ovale à bélière. 29×36 mm. FDC.

498 — Club d'escrime des sous-officiers d'Amsterdam. Insigne découpé. Arg. B.

499 — Méd. 1787. Vermeil et autre méd. en étain. — 2 p. B.

500 Pologne. Réception de Louise-Marie de Gonzague, épouse du roi Wladislas IV, à Dantzig. Méd. de S. Dadler, 1646 (Racz. 123). Arg. 49 mm. B.

501 — Jean-Casimir. Méd. de Dadler, 1651. Victoire sur les Cosaques et prise de Kiew. ℞. Inscription remplissant tout le champ (Racz. 134 — Cz. 1969). Arg. 68 mm. FDC. *Voyez planche.*

502 — Stanislas-Auguste. Méd. de Holtzhey, 1791. Arg. 45 mm. FDC.

503 Prusse. Frédéric le Grand. Sa mort, 1786. Arg. 45 mm. FDC.

504 Russie. Élisabeth Ire. Double de Timothée Iwanov, 1759.

Victoire de Kunersdorf. Buste de l'impératrice, à dr. ℟. Guerrier tenant un drapeau sur un champ de bataille (Mad. 2484 — Henck. 3078 — Sch. 600). AB. Rare.

505 — Catherine II. Établissement d'un orphelinat, 1763 (Amp. 4531). Br. TB.

506 — Catherine II. Méd. d'Abramson, 1783. La Crimée et le Kouban soumis, grâce à Potemkin. Arg. 48 mm. TB.

507 Alexandre Ier. Nouveaux privilèges accordés à l'Université finlandaise, 1811. Tête de l'emp., grand prince de Finlande, à dr. ℟. VETAT MORI. Vue de l'Université ; à g., la déesse fluviale (Reichel 3218). Arg. 55 mm. TB.

508 Suède. Gustave-Adolphe. Méd. ovale gravée par F. Fechter, de Bâle, et entourée d'un cercle (Hild. 48). Arg. 44×37 mm. TB. Avec écrin en cuir ancien. *Voyez planche.*

509 — Christine. Tête à g. ℟. AVITAM ET AVCTAM. Bras sortant des nues, porte une couronne. Arg. 43 mm. B.

510 — Charles X Gustave. Méd. de J. Höhn, s. d. Buste du roi, vu presque de face. ℟. PRUDENTER ET FORTITER. Vue de Riga (Hild. I, 347. 23). Arg. 47 mm. FDC.

511 — Ulrique Éléonore, épouse de Charles XI. Paix de Lund, 1679. Mercure volant à g. ℟. Cadre renfermant un diamant et entouré de deux palmes. Arg. 39 mm. TB.

512 — Charles XII. Jeton au roi à cheval, 1714. Arg. TB.

513 — Gustave III. Cavalier vêtu à l'antique, galopant à dr. et tenant une lance ; à l'exergue : DECURSIO — IN HIPPODR.REG — 1776. ℟. Dans une couronne de laurier : VIRTUTIS PRAEMIUM (Amp. 4869). Arg. B.

514 Charles IV Jean (Bernadotte). Méd. de Lundgren. Académie militaire. Br. 52 mm. TB.

515 — Le même et son fils, Oscar. Méd. de Barre. Br. 41 mm.

516 Suisse. Méd. de l'alliance, de Stampfer. Vermeil 43 mm. B.

517 — Berne. Prix d'école au roi David, 1734. Arg. 38 mm. FDC.

518 — Berne. Méd. 1776. Ours deb., tenant l'épée pour protéger un singe assis sur une écrevisse et se regardant dans un miroir (Haller 795). Arg. 37 mm. FDC.

519 — Berne. Prix d'école au jardinier. Arg. FDC.

520 — Genève. Prix d'école donné par le Sénat (Haller 1936). Arg. 32 mm. TB.

521 Italie. VICTIS . GALLIS . AD . CANNAS . ET . LIRIM . PACATA . ITALIA . IANVM . CLAVSIT. Combat de cavaliers (dont l'un porte l'étendard de Gonsalve de Cordoue) et de fantassins sous les murs d'une ville où flotte le drapeau français. Méd. uniface d'Annibal (*Trésor de num.*, II, pl. 33. 5 — Armand, I, 176. 1). Br. à bélière. 56 mm. B.

522 — Farnèse (Girolama), épouse d'Alfonso San Vitale. Méd. uniface de Pastorino, 1556 (Arm. I, 206. 113). Br. troué. Trace de dorure. 65 mm. TB. *Voyez planche.*

523 — Méd. satyriques et religieuses, etc. Arg. cuiv. et étain.

## JETONS

524 Écu fleurdelisé. ℞. Trois aigles biceps en contremarque, posées 1 et 2. Laiton. TB.

525 Fleur de lis accostée en haut, de deux aigles, et en bas, de deux fleurs de lis. ℞. Écusson gravé. Laiton. B.

526 Charles d'Angleterre et Henriette de France. Petit jeton, 1625. Arg. B.

527 Louis XIII. Allusion à la prise de La Rochelle, 1627. Arg. TB.

528 Chambre aux deniers, 1695. Arg. TB.
529 Bâtiments du roi, 1707. Le dôme des Invalides. Cuiv. TB.
530 Bâtiments du roi, 1709 et 1756. Arg. — 2 p. TB.
531 Ordinaire des guerres, 1688, 1703 et 1757. Arg. — 3 p. B. et FDC.
532 Extraordinaire des guerres, 1763, 1766 et 1770. Arg. — 3 p. TB.
533 Artillerie, 1733. Arg. TB.
534 Procureurs des comptes sous Louis XV. Arg. TB.
535 Ordre du St-Esprit sous Louis XVI. Avers de Trébuchet. Revers de 1740. Arg. TB.
536 Autre variété, 1776. Arg. octog. TB.
537 Compagnie des Indes, 1725. Les armes de Lorient supportées par deux Indiens. ℟. Vaisseau (Zay, p. 272). Arg. TB.
538 Colonies franc. de l'Amérique, 1754. Des castors construisant une digue sur une rivière du Canada (Zay, 16). Arg. TB.
539 Paris. Marchands brodeurs-chasubliers, 1704. Arg. TB.
540 — Chapeliers, 1765. Arg. TB.
541 — Tapissiers, 1726. Cuiv. TB.
542 — Académie française, 1706 et s. d. (Louis XV). Arg. — 2 p. B.
543 — Académie des Inscriptions et Belles-Lettres, 1717. Arg. TB.
544 Faculté de médecine de Paris. Le Vignon, doyen, 1666. Cuiv. AB
545 — E. Col de Vilars, doyen, 1744. Buste à dr. ℟. L'Amphithéâtre. Arg. FDC.
546 — H.-Th. Baron, doyen, 1751. Buste à dr. ℟. Inscription en 6 lignes (Kluysk. 2). Arg. FDC.
547 — Le même. 1754. Buste et les armes de la Faculté (Kluysk. 3). Arg. FDC.
548 — Chomel, doyen, 1756. Son buste, à dr. et les armes de la Faculté (Kluysk. p. 200). Arg. TB.

549 — J.-B. Boyer, doyen, 1756. Buste à dr. et les armes de la Faculté (Kluysk. 4). Arg. FDC.

550 — Le même (Kluysk. 1 et 4). Cuiv. 2 var. AB.

551 — P. Bercher, doyen, 1767. Son buste à g. ℟. Les trois oiseaux (Kluysk. p. 103). Arg. FDC.

552 — Alleaume, doyen, 1775. Buste à dr. ℟. Génie deb., à g., appuyant le bâton d'Esculape sur la base d'un édifice (Kluysk. 1). Arg. FDC.

553 — Bourru, doyen, 1790. Buste à g. ℟. Inscription en neuf lignes. Arg. FDC.

554 Chirurgiens de Paris, 1691. Tête de Louis XIV, à dr. ℟. L'amphithéâtre anatomique. Arg. B.

555 Inauguration de l'école de chirurgie, 1775. Buste de Louis XVI, à dr. et édifice. Arg. TB.

556 Épiciers-apothicaires, 1630. Vieillard, deb., tenant des herbes et deux serpents. ℟. Écusson de la corporation. Arg. TB. Rare.

557 Académie d'architecture sous Louis XVI. Coin de Droz. Arg. TB.

558 Les marguilliers de S^t-Eustache de Paris, 1726. Arg. TB.

559 Les marguilliers de S^t-Merry, 1754. Arg. TB.

560 S^t Jacques. Buste de Louis XV et le saint. deb. Arg. TB.

561 S^t-Jean-Baptiste de Belleville, 1686. S^t Jean-Baptiste deb. de face. ℟. S^t Jean l'Évangéliste accompagné de l'aigle symbolique. Arg. TB.

562 Duc de Normandie (Charles de France). Chambre aux deniers (C. Rouyer 356). Laiton. B.

563 Rouen. Bigot de Sommesnil, maire, 1779. Arg. octog. TB.

564 — Prieur et juges consuls, 1712. Arg. TB.

565 — Réunion des marchands, 1750. Arg. TB.

566 — Buste de Louis XVI, à dr. ; au-dessous : LORT.F. 1785. ℟. Chambre d'assurance. Coin de 1743. Cuiv. TB. Rare.

567 Orléans. Conseillers du roi, notaires au Châtelet, sous Louis XV. Arg. TB.

568 Angers (?). Clef entre deux fleurs de lis. ℞. Croix dans un quadrilobe (Planchenault 77 var.). Cuiv. B.
569 — Jallet de la Veroullière, maire, 1743. Arg. TB.
570 Mairie d'Angers sous le duc d'Anjou. Arg. TB.
571 Bretagne. États, 1722, 1730, 1740, 1760, 1784 et 1786. Arg. — 6 p. TB.
572 Maires de Nantes. Boux, 1649. Arg. TB.
573 — Mellier, 1721. Arg. et cuiv. — 2 p. TB.
574 — Vedier, 1732. Arg. FDC.
575 — La Haye-Moricaud, 1738. Arg. FDC.
576 — Darquistade, 1743. Arg. FDC.
577 — Premion, 1756. Arg. FDC.
578 — Joubert, 1763. Arg. TB.
579 — Libault, 1767. Arg. FDC.
580 — Delaville, 1773. Arg. FDC.
581 — Premion, 1781. Arg. FDC.
582 — Berrouette, 1783. Arg. FDC.
583 — La Pervanchère, 1788. Arg. FDC.
584 Procureurs de Nantes sous Louis XVI. Arg. TB.
585 Bordeaux. Chambre de commerce, 1750. Coin de Duvivier. Arg. TB.
586 Marseille. Le commerce avec l'Afrique. Tête de Louis XV, à dr. ℞. AUCTA LIBYCIS OPIBUS MASSILIA. L'Afrique assise sur un rocher offrant une corne d'abondance aux vaisseaux français qui sont à l'ancre près du rivage. Arg. octog. (Zay, p. 239). FDC. Rare.
587 Canal de Provence, 1767. Tête de Louis XV, à dr. ℞. RESURGO. Le phénix au-dessus du bûcher. Arg. octog. TB.
588 Beaucaire (Foire de). Jeton-monnaie de 30 sols. Buste de Louis XIV. Revers effacé (Hoffm. 251). Cuiv.
589 Dauphiné. Chambre des Comptes. Cuiv. Jolie patine verte. TB.
590 Lyon. Monteonys de Liergues, prévôt des marchands (1652). Cuiv. (Poncet 7). B.
591 — Choignard, échevin, 1783 (Poncet —). Arg. TB.

592 Lyon. Notaires, 1715, et agents de change, 1773. Arg. — 2 p. TB.

593 — Ant. de Laubespin, coûtre à St-Étienne, 1576. Laiton. Trouée. *Voyez planche.*

St-Étienne était autrefois la cathédrale de Lyon, avant l'église de St-Jean.

594 — Villeroi, archevêque, 1676 et 1682. Laiton. 2 jetons dont un troué. B.

595 Bourgogne. De la Fage, élu, 1722 (Florange, *Armorial*, n° 751). Arg. TB.

595 *bis*. — États de 1789. Æ. TB.

596 Beaune. P. Chevignaud, maire, 1660. Laiton. TB.

597 Château-Thierry. Arquebuse, 1813 et 1827. Arg. et cuiv. — 2 p. TB.

598 Amiens. Hôtel de la Monnaie, 1680. Laiton. B.

599 Soissons. Notaires sous Louis XVI. Arg. TB.

600 — Notaires sous Louis XVIII. Arg. FDC.

601 Arras. Entrée des archiducs Albert et Isabelle, 1600 (Dugn. 3499). Arg. Petit module. B.

602 Cambrai (ville). Jeton de Louis XV (R. filius). Arg. FDC.

603 Strasbourg. Jeton aux armes de Ph.-J. de Franck, ammeistre, 1781 (Engel. et Lehr, p. 221). Arg. TB. *Voyez planche.*

Allusion à l'anoblissement de ce personnage et à l'anniversaire séculaire de la réunion de Srasbourg à la France.

604 Aumont (duchesse d') et Boullongne, commandeur, grand trésorier des ordres du roi, 1758. Arg. octog. — 2 p Refrappe. TB.

605 Couhé de Lusignan (Poitou). Armes. ℞. La Mélusine ; à l'exergue, 1708 (Florange, *Armorial*, n° 533). Laiton octog. B.

606 Luillier de Paris (?) (Maillet) **DIEV** (plante ?) **LE VEVLT** (fleur tigée et feuillée)* Panier. ℞. * **AVE** * **MARI** * **A· GRA*CIA**. Croix fleurdelisée cantonnée de quatre quintefeuilles (La Tour 1395 var.) Cuiv. TB.

607 Malier, s[r] du Houssai, intendant des Finances, 1625 (Touraine). Arg. TB.

608 Morant, s[r] d'Eterville (Normandie), maître des requêtes. Ses armes. R/. Les armes de sa femme, Cath. Bordier du Parc, 1643 (Florange, *Armorial*, n° 1001). Cuiv. FDC.

609 Moreau de Maupertuis, astronome, né à St-Malo, 1698, mort à Bâle, 1759. Jeton de Georgi. Allusion à son voyage au cercle polaire. Arg. TB.

610 Paignon, marchand drapier à Paris, 1700. La toison placée sur un arbre et défendue par le coq gaulois contre le léopard d'Angleterre et le lion des provinces-unies des Pays-Bas. R/. du 1er corps des marchands de Paris. Arg. TB.

611 Potier, duc de Gèvres, s. d. (1723). Ses armes et son chiffre couronné (Florange, *Armorial*, n° 1081). Laiton. TB.

612 Voyez d'Argenson, lieutenant-général de police, 1713 (Florange, *Armorial*, n° 1293. — De Beaumont 140). Laiton. B.

613 Voyer de Paulmy, marquis d'Argenson, et M.-M.-Fr. Méliand, son épouse, 1718. Leurs armes et monogramme couronné (Florange, *Armorial*, n° 1297. — Beaumont 148). Cuiv. octog. FDC.

614 Lot de jetons en cuivre.

615 Collection de jetons flamands. Arg. et cuiv.

616 Brochures numismatiques (Catalogue de la vente de la coll. de M. E. Dewamin, *Cent ans de numismatique française*, 1789-1889, avec liste des prix), etc.

MACON, PROTAT FRÈRES, IMPRIMEURS.

MACON, PROTAT FRÈRES, IMPRIMEURS

www.ingramcontent.com/pod-product-compliance
Lightning Source LLC
LaVergne TN
LVHW012023160826
845678LV00002B/987

* 9 7 8 2 3 2 9 6 1 8 1 8 0 *